Los Amigos

Carlos Peirone

Ediciones Crecimiento Cristiano

Diseño de tapa: Ana Ruth Santacruz

© **Ediciones Crecimiento Cristiano**
Córdoba 419
5903 Villa Nueva, Cba.
Argentina

oficina@edicionescc.com
www.edicionescc.com

Ediciones Crecimiento Cristiano es una organización
sin fines de lucro dedicada a la enseñanza del
mensaje evangélico.

Primera edición: 3/2008

I.S.B.N. 950-9596-73-6

Impreso en los talleres de Ediciones Crecimiento Cristiano,
Marzo 2014

IMPRESO EN ARGENTINA

VC5

Introducción

El tema de la amistad lo estudiamos en nuestra clase de adolescentes en la Escuela Dominical de Bell Ville (provincia de Córdoba) durante parte del año 1992. Estuvo dirigido a chicos de entre 14 y 16 años y perseguimos como propósitos:

- Revalorizar el concepto de amistad que figura en la Biblia.
- Conocer a Dios como amigo en el Antiguo Testamento, y conocer a Jesucristo como modelo humano de la amistad en el Nuevo Testamento.
- Comprender que la amistad humana es imperfecta y prepararnos para cuando fallemos a los amigos y cuando los amigos nos fallen.
- Tener en cuenta algunas pautas que pueden ayudarnos a ser buenos amigos.

Es nuestro deseo que estudiar este tema sea de bendición en nuestra relación con quienes nos rodean, que nos ayude a ser mejores amigos y a cultivar otros nuevos.

Al final de varios estudios cito extractos de cartas que me envió mi amigo, Samy, estando lejos (EE. UU.). Mantuvimos esta correspondencia desde 1986, cuando se fue, hasta el presente, y en mi archivo cuentan treinta y siete las cartas recibidas.

A mis amigos, que me hicieron la vida más hermosa, dedico este estudio.

Carlos Alfredo Peirone, Febrero de 1993

Bibliografía utilizada

Biblia Thompson 1960
Biblia de Jerusalén
"La Amistad" de Alan McGinnis, Ed. Mundo Hispano, 1982
"Los Elegidos", año 1, Número 3, página 86-92.

Índice de estudios

Enero de 1992

En realidad, con tal que me
escribas seguido estoy rechocho,
aunque sólo haya dos renglones.
Tus cartas me hacen feliz.

Sammy

Algunos conceptos de amistad

En esta primera lección quisiéramos que te preguntes y reflexiones sobre lo que entiendes acerca de la amistad, y sobre lo que piensa la gente de la calle acerca del mismo tema.

1 Elabora, entonces, un concepto personal, sobre lo que entiendes por amistad.

2 Coteja tu opinión con otras, eligiendo a dos compañeros de escuela, barrio o trabajo y pregúntales qué opinan ellos sobre lo que es la amistad.

◆

◆

3 ¿Qué conclusiones puedes sacar?

4 Lee con atención estas frases populares y opina sobre ellas:

Frase	Mi opinión es:
♦ "Es mejor haber amado y haber perdido, que no haber amado." (Tennyson)	
♦ "La verdadera felicidad no consiste en la multitud de amigos, sino en lo que valgan los que usted haya escogido."	

- "La amistad es como el dinero, más fácil de conseguir que de conservar."
(S. Butter)

- "La alegría compartida es doble alegría y el sufrimiento compartido es la mitad del sufrimiento."

- Un amigo es el que entra cuando los demás se van." (W. Winchell)

5 Veamos ahora algunos pasajes bíblicos que nos hablan de la amistad y a partir de ellos procura extraer algunas enseñanzas:

¿Qué dice?	**¿Qué podemos aprender?**
◆ Proverbios 17:17	
◆ Proverbios 27:10	
◆ Eclesiastés 4:9	
◆ Eclesiastés 4:10	
◆ Juan 15:13	

6 En base a estos pasajes que hemos visto (y otros que puedas recordar), elabora un nuevo concepto sobre lo que la Biblia entiende por amistad.

Dios, en su Palabra la Biblia, nos enseña que los amigos son importantes para nuestro desarrollo. Que caminar solos por la vida es una desgracia, y que la amistad se muestra en la entrega de nuestra vida por el otro.

7 Escribe ahora una lista con los nombres de tus amigos, y a un costado menciona las cualidades que tienen para que sean "tus" amigos.

Nombre	**Cualidades**
Ejemplo: Pancho García	Estuvo a mi lado cuando estaba sin trabajo y deprimido.

8 ¿Por qué han sido ellos tus amigos, y no otros?

9 Lea la poesía número 3 de la sección lecturas, ubicada al final del cuaderno, titulado "Nuevos amigos y viejos amigos" tomado del "Libro de las virtudes", página 265.

10 Terminemos este estudio recordando a nuestros viejos amigos. Ora por ellos, aunque estén lejos y la relación se haya enfriado. Pidámosle también a Dios que nos haga mejores amigos y nos regale otros nuevos.

2

Ejemplos de amistad en la Biblia

"El amigo fiel es seguro refugio, el que le encuentra ha encontrado un tesoro." (Eclesiástico 6:14) (Ver nota)

En este estudio vamos a conocer cómo se relacionaron Abraham y Moisés con Dios, cómo dialogaban y vivían esta relación. También vamos a observar algo de la relación entre David y Jonatán. Busquemos aprender de estos pasajes como ser más amigos de Dios y de los hombres.

1 **Moisés.** Lee con atención los siguientes pasajes bíblicos: Números 12:7 y 8; Deuteronomio 34:10; Josué 1:3, 5; Éxodo 19:3-13; Éxodo 24:9-18. Según estos pasajes, ¿qué podemos aprender de la relación que tenía Moisés con Dios?

2 **Abraham.** Lee con atención los pasajes: 2 Crónicas 20:7; Santiago 2 :23; Génesis 18:16-33; Marcos 12:26. Luego de ir leyendo y reflexionando cada pasaje, procura definir cómo era, en este caso, la relación entre Abraham y Dios.

Tanto Moisés como Abraham conocieron a Dios de una manera muy especial. Fueron amigos de Dios, y como tales, discutieron, negociaron, se enojaron y se alegraron con Dios.

Pensemos en cómo es nuestra relación con Dios. Muchas veces es bastante pobre en comparación con ellos. ¿Cómo podemos mejorarla?

3 **David y Jonatán.** Aquí tenemos un ejemplo de amistad entre dos hombres del Antiguo Testamento. Uno era el hijo del rey (Jonatán), el otro un futuro rey (David). Lee los pasajes: 1 Samuel 18:1-5; 1 Samuel 19:1-7; 1 Samuel 20:1-42, 2 Samuel 1:23-27.

♦ ¿Qué podemos aprender de estos amigos?

♦ ¿Qué significaba para ellos la amistad?

♦ ¿Qué riesgos corrieron?

4 Según 2 Samuel 9, ¿qué consecuencias tuvo la amistad entre David y Jonatán en el tiempo, al pasar los años?

5 Jonatán quería a David como a sí mismo.

♦ ¿Cómo queremos a nuestros amigos?

♦ ¿Qué estamos dispuestos a hacer por ellos?

6 Jonatán arriesgó su vida por David.

♦ ¿Qué aprendemos sobre nuestra relación con otros?

◆ ¿Intercedemos a favor de otro o cuidamos sólo "nuestro propio pellejo"?

7 Terminemos orando porque podamos establecer relaciones de amistad franca. Porque podamos besar, abrazar, reír y llorar junto a nuestros amigos. Que sea así.

Nota: El autor ha citado de uno de los libros "apócrifos" o "deuterocanónicos" que aparecen en algunas versiones de la Biblia, no como parte de las Escrituras, sino como ejemplo, tal como ha citado a Tennyson y S. Butter en la lección 1.

Mayo de 1991

...te agradezco inmensamente las cartas, creo que nunca vas a saber lo importante que son para nosotros. Digo nunca porque no has experimentado el vivir en otra cultura lejana. S ammy

3

Jesús como modelo de amigo

Jesús no vivió ni trabajó solo. Tuvo amigos y amigas que le acompañaron en su ministerio. Dentro del grupo de los 12 apóstoles tuvo un grupito pequeño con los que vivió ocasiones especiales.

1 ¿Cómo se manifiesta en estos pasajes la amistad de Jesús?

 • Juan 11:5

 • Juan 11:33

 • Juan 11:35

2 ¿Cómo entendía Jesús a la amistad? ¿De qué manera la exteriorizaba? Según los pasajes:
- Juan 13:1

- Juan 13:23-25

- Juan 15:13

- Juan 15:15-17

3 Observemos el círculo íntimo de amigos que Jesús tenía: Pedro, Santiago y Juan. Anota en cada caso:
- ¿Qué compartió Jesús con ellos:
     Mateo 17:1-13?

Marcos 5:37-43?

Juan 19:26?

◆ ¿Qué les dijo; qué vivieron juntos:
   Mateo 26:37-38?

Juan 20:2?

◆ ¿Cómo se dejó conocer? ¿Qué les pidió:
   Mateo 26:37, 38?

Juan 21:7 y 20?

4 Veamos de nuevo Juan 15:13-15. El v. 14 dice "Ustedes son mis amigos, si hacen lo que yo les mando" (VP).

◆ ¿Esto nos indica que es una amistad condicional la de Jesús? ¿No te suena poco tolerante? Explica.

◆ ¿Es una amistad "diferente" a lo normal? ¿Por qué?

◆ ¿Es Jesús la misma clase de amigo que Juan Pérez?

5 Les dejo en la página siguiente una poesía para el final, titulado "Sin tierra sin cielo" de Mario Beneditti, poeta uruguayo. Tomado del libro "Inventario", Editorial Seix Barral. Algo para pensar y disfrutar.

Nuestros amigos humanos pueden tolerarnos prácticas pecaminosas y aceptarnos. A Jesús no le podemos pedir lo mismo porque si bien ama al pecador, odia al pecado.

4

La imperfección de la amistad humana (1)

"El amigo es siempre afectuoso, y en tiempos de angustia es como un hermano." (Proverbios 17:17)

Nuestras relaciones siempre están propensas a enfrentar tiempos de prueba y malos entendidos. Hay que aceptar que pasaremos por tiempos oscuros, tormentosos y difíciles, y prepararnos para ellos.

McGinnis[1] sugiere en su libro, que cuando tenemos problemas con nuestros amigos, debemos procurar buscar lo que ha ocasionado el disgusto. No somos magos, y preguntar "¿Qué pasó?" es lo conveniente. Por otra parte, debemos pedir perdón cuando estemos equivocados, ya que todos nos equivocamos y es una tontería permitir que el orgullo y la inseguridad nos impidan admitirlo para poder arreglar la relación herida. Hace falta ser fuerte para admitir que nos hemos equivocado. No es señal de debilidad como a veces creemos.

Vemos en la Biblia que el apóstol Pedro fue un buen amigo de Jesús, pero su amistad, por ser humana, fue imperfecta. Estudiemos estas imperfecciones y aprendamos también de ellas; aprendamos a no esperar de nuestros amigos lo que no nos van a poder dar y ser conscientes de que nosotros también vamos a fallar muchas veces.

1 En Mateo 26:33 y Marcos 14:29 Pedro prometió algo.

   ◆ ¿Qué fue?

   ◆ ¿Cumplió?

2 Observe el diálogo entre Jesús y Pedro que registra Lucas 22:31-34. ¿Qué te dice el pasaje?

3 Y en Mateo 26:69-75, ¿qué pasó?

4 ¿Cómo se habrá sentido:

  ♦ Jesús en Mateo 26:56?

  ♦ Pablo en 2 Timoteo 4:9 y 16?

  ♦ Job en Job 19:19?

5 ¿Nos hemos sentido nosotros también abandonados alguna vez? ¿Y hemos abandonado a nuestros amigos en momentos duros?

Sin tierra sin cielo

Jesús y yo salvadas las distancias
somos dos habitantes del exilio
y lo somos por cautos por ilusos

algo se nos quebró en mitad del verbo
y así sobrellevamos esta pena
restaurando vitrales y nostalgias

no tenemos altares ni perdones
Jesús y yo de pueblo memoriosos
a veces compartimos el exilio

compartimos los panes y desiertos
y las complicidades y los judas
y el camello y el ojo de la aguja
y los santotomases y la espada
y hasta los mercaderes y la furia

no es eco ni abstracción
es una historia apenas

él veterano yo inexperto
llegamos emigrantes al futuro
descalzos y sin norte y sorprendidos

yo / oscuro y fracturado / sin mi tierra
él / pobre desde siempre / sin su cielo

6 Judas es el ejemplo supremo de entrega, de traición a Jesús. Luego de leer Juan 13:21 y Mateo 26:16 y 49, preguntémonos si nos ha sucedido esto. ¿Hemos entregado o sido entregados? ¿Cómo nos hemos sentido?

C - Traición

Jueces 16 relata la historia de la traición que sufrió Sansón. Este se casó con su tercer mujer, Dalila, y sufrió con ella el ser engañado y traicionado.

7 Lee este capítulo y anota cuántas veces fue traicionado y en qué versículos están registrados.

♦ ¿Cómo hubieras actuado en lugar de Sansón con Dalila?

2 Samuel 11:15 nos cuenta el pecado criminal de David al traicionar a su fiel soldado, Urías el hitita.

8 ¿Qué consecuencias trajo este pecado en la vida de David, profetizadas por Natán en 2 Samuel 12:10-14?

David escribió el Salmo 51 después de ser reprendido por el profeta Natán. Léelo y medita en él. Pensemos en la posibilidad de ser traicionados alguna vez, y preparémonos para ello. Oremos para que Dios nos libre de ser traidores.

Notas
1 - McGinnis, página 156 y siguientes.

Abril de 1992

Siempre pienso que con las cartas que nos hemos escrito podremos, de viejitos, escribir una biografía de nuestras vidas, recurriendo a las cartas como fuente. Estos últimos seis años estarían bastante bien documentados. Sammy

5 La imperfección de la amistad humana (2)

D - Soledad

Ahora, observemos el tema de la soledad, cuando nos abandonan los amigos. En algún tiempo de nuestra vida todos creemos que los amigos son eternos y perfectos. La experiencia nos muestra que la vida es más difícil, que tendremos que pasar tiempos de soledad y aprender también de ellos.

1 El Salmo 38 nos presenta a David pasando por un momento difícil. ¿Cuál es la actitud que tomaron los amigos de David, según este salmo?

2 Jesús y Pablo pasaron también por esta experiencia registrada en Juan 16:32 y 2 Timoteo 4:16. ¿Estamos preparados para que nos dejen solos? ¿Somos capaces de perdonar estos hechos y empezar de nuevo como lo hicieron ellos?

Conclusión

Nuestras relaciones con los amigos nunca pueden ser perfectas. Llevan también la marca del pecado. No por eso nos abandonamos y cruzamos de brazos, sino que hemos de perseverar aún en los días malos cuando sean poco recíprocas y haya alejamiento.

Dice McGinnis[2] que "cuando hemos tenido una buena amistad que ha durado unos cuantos meses o unos cuantos años, deberíamos sentirnos agradecidos por el tiempo que estuvimos con esas personas en lugar de lamentar que no durase toda la vida."

E - La amistad y el noviazgo

Nos pasa que cuando estamos solos, los amigos son lo más importante que tenemos. Los visitamos, salimos a todas partes con ellos, compartimos con alegría nuestra vida. Pero sucede con frecuencia que cuando nos ponemos de novios, estos amigos desaparecen o pasan a ocupar un lugar bastante más lejano que el que tenían.

Es que queremos pasar todo el tiempo posible con el novio/a, y no dejamos lugar para otras personas.

3 Eso es lo que normalmente ocurre, ¿pero es inevitable... es bueno? ¿Qué opinas?

El problema es que da la impresión de que ya no los necesitásemos, pues al estar acompañados podemos prescindir de ellos. Esta situación siempre me ha causado fastidio, pues nos da la idea de que los amigos se pueden usar, descartar y volver a usar como si fuesen una cosa. Y hemos estudiado que hablar de "amigos" es algo más profundo.

4 Si no debemos "descartar" a los amigos cuando tenemos novio/a, ¿cómo debemos actuar? ¿Cómo podemos encontrar el equilibrio?

F - El amor al dinero

Vimos recién como Judas entregó a Jesús por dinero. Veamos como juega éste en nuestras relaciones.

El vivir con amigos implica gastos en común: comer juntos, pasear juntos, gastar juntos. ¿Cómo manejamos nuestro dinero de tal manera que no sea éste un tropiezo en nuestras relaciones? Hemos comprobado que el mal uso del dinero deteriora nuestras amistades. Amar demasiado al dinero crea roces, broncas, fricciones y hasta fracturas.

5 A continuación estudia los siguientes versículos y extrae algunas enseñanzas:
- "Hay quien gasta y todavía crece; y hay quien ahorra en demasía sólo para venir a menos." (Proverbios 11:24,25)

- "Antes de morir, haz el bien a tu amigo según tus medios dale con largueza." (Eclesiástico 14:13)

- "No te olvides de tu amigo en tu alma, ni pierdas su recuerdo cuando seas rico." (Eclesiástico 37:6)

Amar al dinero es un pecado, y no podemos amar a Mamón y al amigo a la vez, porque mi amor al dinero traicionará mi amor a mi amigo.

El amor a "las cosas" no me permite desprenderme de ellas para compartirlas, para darlas. Las amo tanto, que cuando las dé, daré las peores y me reservaré las mejores. Así, las cosas ocuparán el lugar del amor desinteresado por el otro.

A veces creemos que es ahorro cuando en realidad es avaricia, pensamos que es progreso, cuando es ambición ilimitada. Los valores del mundo atentan contra los valores del Reino. Adorar a Mamón nos vuelve calculadores, vivimos pensando en ¿cuánto doy?, ¿cuánto recibo?, etc.

6 Analiza la siguiente situación, debate las soluciones en el grupo.

"Mi amigo se dice pobre, me visita, me come todo una vez, dos, cinco. Y nunca aporta nada. Siento que se aprovecha. ¿Hasta cuándo permitir esto? ¿Qué

hacer cuando sólo uno de los dos es el que comparte y el otro no lo hace, cuando yo parto lo mío pero él no parte lo suyo?"

7 Pensando en el dinero y en el consumo, les dejo una tira de humor (próxima página) para que observen y comenten qué les dice a cada uno.

Conclusión

Mirando a Jesús nos encontramos con un modelo distinto. El fue desprendido. No dejó que las "cosas" se le prendieran. Era Dios y se hizo hombre, dejó el cielo por la tierra, cambió las nubes por la mugre de un establo y el aserrín de la carpintería de su padre. Se desprendió, se entregó, sirvió. Y ese es el ejemplo a seguir. Adorar al dinero, nos esclaviza, no nos permite disfrutar de la vida, de los amigos, ni de nada. La opción es clara y está a la vista.

Notas
2 - McGinnis, páginas 184 y siguientes, página 197.

ELLOS QUIEREN QUE QUIERAS LO QUE ELLOS QUIEREN QUE COMPRES.

NEW YEAH!

HACÉ UNA COSA...

...QUERÉ LO QUE VOS QUIERAS.

SEGURO QUE NO VAS A TENER QUE COMPRAR LO QUE ELLOS QUIEREN.

6

Ingredientes para ser un buen amigo (1)

"El amigo fiel es remedio de vida, los que temen al Señor le encontrarán." (Eclesiástico 6:16)

Vamos a estudiar ahora algunas pautas que pueden ayudarnos a establecer buenos vínculos de amistad.

A - Franqueza

Ser francos, sin fingimiento, sin máscaras, nos ayudará a ser buenos amigos. La honradez promueve la amistad y es un factor también de salud física. Sin embargo, edificamos murallas a nuestro alrededor y nos escondemos detrás. La televisión nos enseñó a admirar al hombre duro, seguro de sí mismo, frío, y a ese modelo lo copiamos. Lo lamentable es que la admiración de ese modelo no conduce necesariamente a crear vínculos íntimos con otros.

Dice McGinnis[3] que nos ponemos máscaras porque tememos el rechazo, y que sin embargo, el efecto es lo contrario: si edificamos más ventanas y menos paredes, tendremos más amigos. Por otra parte, no nos podemos conocer a nosotros mismos de verdad, si no nos mostramos tal como somos a otra persona.

Jesús fue un hombre franco. Vivió su vida con sus discípulos, no solo; comió, oró y lloró con ellos. Y cuando no le comprendieron, se sintió afligido. Tomar la iniciativa y manifestarnos tal como somos ayudará al otro a hacer lo mismo, pues a nadie le gusta llevar una máscara. El que seamos conocidos y aceptados por Dios es una experiencia liberadora y sanadora, además de ser el mejor ejemplo de todos para nuestras relaciones humanas.

El mismo autor citado, sin embargo, nos advierte de que seamos prudentes, corteses y que guardemos nuestras opiniones en ciertas ocasiones para no chocar con otros. Como también ser considerados y no desnudarnos sicológicamente ante el primero que se nos presente. El "quién" y el "cuándo" son importantes.

Por temor a ser sentimentales, en muchas ocasiones, no expresamos nuestro afecto cuando lo sentimos. Tememos que nuestro cariño no sea recíproco, y que nos rechacen o se burlen de nosotros por nuestro sentimentalismo. Sin embargo, Jesús se atrevió a hablar y a decirles a sus discípulos que los amaba en reiteradas ocasiones.

1 Piensa y escribe algunas frases que podríamos incorporar y utilizar para expresar nuestros afectos:

B - Compañerismo

Una de las mejores maneras de profundizar una amistad es comiendo juntos. Hay algo casi sagrado acerca de partir el pan unos con otros. El ritual es uno de los ingredientes que tiene una importancia universal en las buenas relaciones: comer juntos, visitarse, llamarse por teléfono, escribirse cartas, etc.

Otra manera de acumular buenos recuerdos es ayudar al amigo en alguna tarea. Trabajar hombro con hombro con otra persona puede hacer más estrecha la relación, aún cuando se digan pocas palabras.

2 Como tarea, te proponemos que busques a una persona que esté realizando algún trabajo y ofrécete a ayudarla a realizarlo en la mitad del tiempo. Escribe después de efectuado el trabajo, tus impresiones.

3 Hechos 2:42 nos muestra cómo vivían los primeros cristianos. ¿Nos parecemos?

4 Según Romanos 1:11-12 ¿cómo podemos influenciarnos entre amigos cristianos?

5 Pablo recordaba a sus amigos lejanos, ¿de qué manera? Ver Filipenses 1:3-11. Imitemos este ejemplo de Pablo.

6 El apóstol Juan nos da un consejo para mantener la unión entre hermanos amigos. ¿Cuál es? (1 Juan 1:7)

C - Sensibilidad humana

7 Ser sensibles ante las necesidades de los otros y ayudarles será una fuente que nos dará amigos que vendrán de premio, por añadidura, sin que los estemos buscando. Isaías 58:6-11 nos muestra qué actitudes le agradan a Dios. Enumera las acciones que podemos hacer en favor de otros:

8 Jesús dijo que es más feliz el que da que el que recibe. ¿Has probado esta ley? Haz una prueba esta semana y comparte los resultados con el grupo.

Si queremos tener amigos debemos ser primero nosotros amigos. Sembrar para cosechar.

9 Gálatas 6:2 nos habla de "sobrellevar" o "soportar" las cargas. ¿Qué significa esto? Piensa en algunos ejemplos o experiencias vividas en este aspecto y compártelas.

10Terminamos con una poesía "A ellos" de Mario Beneditti, tomado del libro "El mundo que respiro", páginas 94, 94. Que la disfruten, que piensen y que si quieren llorar pueden hacerlo también.

Notas
McGinnis, página 30.

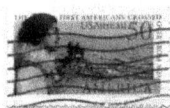

9 de Julio de 1987

Chala, aquí la amistad es tan débil y frágil, son amigos de uno o dos o tres años, pero nada de "amigos de siempre". Nosotros nos conocemos desde los 9 años. ¡Qué bárbaro!

Sammy

A ellos

Mario Benedetti

Se me han ido muriendo los amigos
se me han ido cayendo del abrazo
me he quedado sin ellos en el día
pero vuelven en uno que otro sueño

es una nueva forma de estar solo
de preguntar sin nadie que responda
quede el recurso de tomar un trago
sin apelar al brindis de los pobres

iré archivando cuerdos y recuerdos
si es posible en desorden alfabético
en aquel rostro evocará su temple
en este otro el ancla de unos ojos

sobrevive el amor y por fortuna
a esa tentación no se la llevan
y por las dudas toco la mismísima
madera / esa que dicen que nos salva

pero se van fugando los amigos
lo buenos / los no tanto / los cabales
me he quedado con las manos vacías
esperando que alguien me convoque

sin embargo todos y cada uno
me han dejado un legado un regalito
un consuelo / un sermón / una chacota
Un reproche en capítulos/ un premio

si pudiera saber dónde se ríen
donde lloran o cantan o hacen niebla
les haría llegar mis añoranzas
y una fuente con uvas y estos versos

7

Ingredientes para ser un buen amigo (2)

D - Contacto personal

Tocar al otro, tomarle la mano, abrazarlo, expresa confraternidad y ayuda. Entre los hombres esto es más difícil, pues el miedo a la homosexualidad y los chistes comienzan cuando somos aún niños. Así, le tenemos miedo a la palabra "marica" y nos privamos de ser más afectuosos. Entre mujeres el contacto físico no es mal visto, por el contrario, hasta casi que se lo estimula. Del hombre se espera que sea más frío.

La propuesta sería la siguiente: utilizar nuestro cuerpo para demostrar cariño. Escuchar con los ojos, acercarnos al que nos está hablando y tocarlo. La piel es el miembro más importante del cuerpo como sistema sensorial. Veamos el ejemplo de Jesús en: Mateo 8:3; 8:15; Marcos 10:16.

1 ¿Habrá necesitado Jesús tocar para curar? ¿Por qué lo hizo, entonces?

Sus manos abrazaron niños y a enfermos de lepra. El contacto físico es capaz de consolar, quitar el dolor y curar.

2 ¿Cuál es tu experiencia respecto a esto? ¿Te cuesta tocar a los otros? ¿Comprendes la importancia de hacerlo?

El tocar al otro puede aproximarnos más que mil palabras. Besar, estrechar la mano, palmear el hombro, son acciones a las que nos podemos acostumbrar y que forman parte de nuestro vocabulario compuesto por gestos.

E - Saludos

3 Juan se acordaba de saludar y mandar saludos a los amigos como muestra de recuerdo y cariño (3 Jn 15). ¿Y nosotros, qué? ¿Nos acordamos de los amigos que están lejos, les escribimos o llamamos?

F - ¿Qué hacer cuando un amigo sufre? [4]

Primero: Aceptar que somos limitados en sabiduría y recursos. No somos Dios, no podemos resucitar a nadie, ni sanar enfermedades o restaurar relaciones rotas.

Segundo: Pero sí podemos orar para que Dios consuele a mi amigo herido y me de sabiduría, sensibilidad y creatividad para ser yo mismo la respuesta a mi oración por él.

Tercero: Cuando un amigo sufre, necesita hablar y ser realmente escuchado. Pero ¿cómo hacerlo, cómo escuchar bien?

Escuchar con los ojos: si miramos a la pared o a otras personas, no nos interesa quién nos habla. Si miramos directamente a los ojos, mostramos verdadera atención a quién necesita de nuestro oído.

Ofrecer consejos en pocas ocasiones: más importante que dar consejos es ayudar a exteriorizar al otro el problema, para que pueda ver más claro y luego decidir por sí mismo.

No traicionar nunca una confidencia: aprender a tener la boca cerrada y "sin moscas", porque nada hace que otros se cierren y abandonen la amistad con nosotros más rápidamente que cuando descubren que lo que nos han revelado, dejó de ser un asunto privado, y se hizo público.

Cuarto: Llorar juntos: muchas veces nos disfrazamos y no exponemos lo que sentimos. Queremos ser fuertes callando nuestras necesidades. Pero no tiene valor el sufrir en silencio y las lágrimas son un regalo de Dios. No hay motivo de vergüenza cuando caen libremente. Estas nos ayudan a aproximarnos a los demás y a expresar cosas que no se dicen con palabras.

4 Nunca olvidaré la tarde en que lloramos abrazados con un amigo. Fue esta una experiencia muy importante en mi vida. ¿Recuerdas alguna oportunidad de haber llorado con un amigo? ¿Cómo fue la experiencia? Compártela con tu grupo.

Jesús les pidió a sus amigos en Getsemaní que se quedaran con él, velando. No que le solucionaran el problema. (1 Timoteo 1.4). Pablo tuvo también la experiencia de llorar con Timoteo y le escribió diciendo: "me acuerdo siempre de tus lágrimas, y quisiera verte para llenarme de alegría" (1 Ti 1:4)

5 Aquí les dejo una tarea que he puesto en práctica con muy buenos resultados. Disfruten primero del humor y si les gustó, si se identifican con la tira, pueden copiarlo y regalarlo a algún amigo que conozcan desde hace mucho tiempo. Pueden enviarlo por correo o mail con una dedicatoria personal. Será poner en práctica lo que venimos estudiando y sentarse a esperar qué nos responden.

Notas

4 - Extracto de "¿Qué hacer cuando tu amigo sufre?" por Jeris E. Bragan. De la revista "Los Elegidos" año 1, No. 3 páginas 86-92.

...NO, YO CREO QUE EL CONTRATO ESTÁ BIEN ASÍ. AHORA VOLVEMOS A LA OFICINA Y LO FIRMAM...

¡¡TE JUEGO UNA CARRERA HASTA LA ESQUINA!!

¡YA!

¡¡GANÉ!!

SI TE CONOCÉS DESDE CHICO CON ALGUIEN, ENTONCES PODÉS SER CHICO CUANDO QUIERAS.

8

La amistad y la pareja

El tema de la amistad, cuando estamos de novio o casados, es algo especial. Ya vimos que la relación con una novia o un novio no debe ser obstáculo para las otras amistades que ya tenemos. Pero en este caso, ¿qué de las amistades con el sexo opuesto?

Quisiera compartir lo que dice McGinnis en su libro[5] y la tarea será analizar su postura y sacar conclusiones propias:

No hay ni una sola persona que le vaya a "hacer feliz" a Ud. y su vida debe incluir una serie de intereses variados, de pasiones en diferentes terrenos y varias relaciones, si es que Ud. quiere evitar el poner en aprietos a sus seres amados.

Es un absurdo decir que las personas unidas (en casamiento) no tienen necesidad de amigos.

Por muy maravilloso que sea un matrimonio no hay ni una sola persona que pueda cubrir todas nuestras necesidades y hará usted bien en explorar otro dominio de relaciones que nada tiene que ver con lo sexual. Su cónyuge debiera de ser la mejor amistad que posee Ud., pero no la única.

Algunos equivocadamente creen que al casarse deben dejar de lado a sus amistades de solteros y encontrar otros matrimonios para salir juntos. Pero la imposibilidad de que cuatro personas se gusten mutuamente es remota y hasta casi imposible. No debemos dudar entonces de fomentar las amistades personales en las cuales, quizás, nuestro cónyuge no desee participar. (nota 5)

1 ¿Qué piensas acerca de lo leído? ¿Cómo lo viven en su pareja? ¿Será factible practicar lo que dice el autor?

Antes de leer el siguiente argumento del mismo autor citado, debatan en el grupo sobre si es posible tener amigos del sexo opuesto.

2 ¿Podemos ser amigos de una chica/o sin que pase nada más que eso? Fundamenta.

3 ¿Será posible mantener una relación así luego de casados? ¿Qué riesgos corremos?

Ahora vamos a leer a McGinnis [6] con sentido crítico. Podemos estar o no de acuerdo con él. Lo importante será debatir sobre el tema:

Dios nos hizo seres sexuales y es evidente que no nos hizo de tal manera que nos sintiésemos exclusivamente atraídos por una sola persona. Una cierta cantidad de electricidad sexual está en el ambiente cada vez que están juntos una mujer y un hombre, sin que esto sea malo.

...en vez del camino de la represión sexual, que no es buena, aceptemos nuestros sentimientos sexuales tal y como son. Existe una diferencia entre una atracción pasajera, que es normal y divertida, y el propósito deliberado de acostarse con la otra persona.

La idea de que solamente existe en el mundo un hombre o una mujer para Ud. es una tontería y ciertamente Ud. puede amar a más de uno simultáneamente. Podría Ud. estar felizmente casado con cualquiera entre miles de personas.

Sin embargo hay algunos cuidados que debemos tener en cuenta: usando el sentido común...

- *No te confíes demasiado en tí mismo.*
- *Escoge compañeros que procedan de matrimonios seguros. Si tu amigo está hambriento de amor le resultará difícil mantener la relación dentro de ciertos límites.*
- *Sé sensible en cuanto a cuándo y dónde se encuentren a solas con la otra persona. Algunos lugares son más sexuales que otros.*
- *Háblale a tu cónyuge acerca de tus amistades. Cuando los encuentros son clandestinos es señal de peligro. O le dices o abandonas la amistad.*
- *Establece un límite al contacto físico. Nadie puede mantener el control si se pasa cierta barrera.*
- *Si es necesario, aléjate. (nota 6)*

4 ¿Qué les parece el planteo de McGinnis? ¿Tiene razón en todo? Si no, ¿cuáles son los límites?

Ahora vamos a "escuchar otra campana" sobre el mismo tema al leer una crítica de este material. El autor [7] considera que McGinnis "esta caminando sobre hielo bien fino..." y comparte algunas observaciones que miran a la relación con amigos del otro sexo desde otra perspectiva.

Creo que el énfasis aquí debe ser el no dejar desprotegido al matrimonio. Estamos en un momento histórico cuando el matrimonio tiene cada vez más peligros. Casi que está en la lista de las formas de vida que han de desaparecer.

Estoy de acuerdo de que vale y conviene guardar los amigos anteriores a la formación de la pareja. Obviamente, si realmente son amigos, no los podemos abandonar. Pero me parece que lo ideal sería incorporarlos en el nuevo círculo de amistad que es el matrimonio.

Es siempre peligroso cuando los hombres pasan una buena parte de su tiempo libre con sus compañeros, lejos del hogar, algo que es muy común en esta cultura.

Y al contrario de lo que dice McGinnis, creo que conviene forjar amistades a nivel de pareja y familia. Ya que los dos (hombre y mujer) forman una sola persona, conviene fomentar todo lo que puedan hacer juntos, y desanimar las cosas que los puedan separar. La relación es tan frágil...

Acepto que es bueno tener amigos del otro sexo. Los

tengo. Pero a la luz de la realidad de la cultura en que vivimos, hay que pensar bien en los límites. Siempre es una relación peligrosa. Este mismo mes un pastor de una de nuestras iglesias cayó en adulterio con una "muy buena amiga" de él.

*En la segunda cita creo que McGinnis hace un planteo peligroso. Hay que ser bastante maduro en todo sentido para manejarse con los límites que él sugiere. Y creo que **muy** pocos de nuestros jóvenes tienen suficiente madurez para eso.*

En conclusión diría:

Conviene conservar los amigos antiguos.

Conviene forjar amistades a nivel de pareja.

Es completamente legítimo tener amigos del otro sexo.

Pero es peligroso, y hay que pensar bien en los límites" (nota 7)

5 ¿Que les parece? ¿Esta crítica acierta, o es una reacción ilógica?

6 Ahora, en base a todo esto que hemos visto, ¿cuáles pautas sugieren ustedes para la pareja cristiana en relación con los amigos?

Es nuestro deseo que estas lecturas puedan ayudarnos a crecer al conocer los privilegios, pero también los riesgos de este tipo de relaciones interpersonales. Que Dios nos dé sabiduría para examinarlo todo y retener lo mejor

Notas

5 - McGinnis, páginas 80 y siguientes.
6 - McGinnis, página 175.
7 - José Young, en una carta personal al autor.

Noviembre de 1987

Cómo estaré de copado que
coloque un cartel en el living,
en grande, que dice `A los 27
todavía puedo decir que la
amistad es lo más grande'.

Sammy

Conclusión

Vivir la vida solos es una desgracia. La soledad es una de las consecuencias que trajo el pecado. Dios en el principio, al crear al hombre, vio que no era bueno que estuviera solo. Y, él mismo, ha procurado siempre ser amigo del hombre, pasear con el hombre juntos por la tarde, verse cara a cara y conversar.

Hemos estudiado y encontramos en la Biblia que tener amigos es una muestra del amor de Dios. Vimos que Jesús nos ofrece y enseña un modelo de amistad distinta de la que ofrece el mundo, que se caracteriza por el desprendimiento y el servicio.

Hemos llegado al final y la tarea empieza. Ahora nos toca a nosotros cultivar y cuidar a los amigos que Dios nos dé. Llevar adelante esto, es una de las ocupaciones más importantes que puede tener nuestra vida. Que Dios nos ayude. Amén

Apéndice A

Un taller o retiro

Nota aclaratoria

Este material fue utilizado en dos ocasiones diferentes con adolescentes entre 12 a 15 años aproximadamente. Como consiste en varias actividades es demasiado abundante para una sola sesión, pues llevará su desarrollo unas tres horas y media. Así que se puede utilizarlo para más de una oportunidad. Como verá, habrá partes de desarrollo expositivo y otras de trabajo grupal. Momentos para escuchar y para hablar, para dibujar y escribir, para orar y comentar, para jugar y para meditar. La idea es que otros puedan disfrutar y aprovechar este material y que les sea de tanto provecho como lo fue para nosotros.

La charla/taller fue desarrollado con adolescentes en Bell Ville, Córdoba, en dos encuentros. (5 de Mayo de 2000)

Bibliografía consultada:

"El Libro de las Virtudes", William Bennett, páginas 245, 255, 265. Editorial Vergara, 1993.

"Tendrán nuevas fuerzas", Uli Schalappa, capítulo 3.

"Cuando un amigo se va", canción de Alberto Cortez y Facundo Cabral.

"Aun en las mejores familias", Jorge Maldonado, capítulo 5.

Bosquejo

1 - Introducción al tema
2 - Algunos amigos de Jesús: Marta, María y Lázaro

3 - Un juego, un trabajo: lectura de cartas, poesías, tarjetas.
4 - Algunas lecturas y sus reacciones.
5 - Los amigos como remedio: Necesitamos amigos como el trapecista.
6 - Facundo y Alberto

1- Introducción

Los amigos son una de las riquezas mas importantes que podemos tener. Vivir sin amigos es una desgracia. "No es bueno que el hombre esté solo", dijo Dios, necesita una Eva pero también de amigos. "Más valen dos que uno solo... porque si uno cae, el otro levantará a su compañero" nos dice Eclesiastés. Pero, los amigos no florecen de las piedras, hay que *cultivarlos* y requieren de mucho *cuidado*.

¿Cómo cultivar amigos? ¿Cómo cuidarlos? ¿Cómo hacer para tener amigos?

♦ Propongan Ustedes algunos pasos, métodos, estrategias para tener en cuenta. Se abre el diálogo, tiza en mano, anotamos las opiniones vertidas.

Les cuento que he aprendido que es más fácil hacer amigos de chicos que cuando somos más grandes. Por eso, una sugerencia para adolescentes sería, que procuren aprovechar esta etapa para hacer amigos, para cultivarlos. Cuando pasa el tiempo, y nos volvemos más grandes, nos ponemos más duros y levantamos paredes que nos impiden charlar con los otros, jugar, compartir, reírnos con libertad. Nos volvemos serios, nos cuesta darnos a otros, confiar, hablar, equivocarnos, ser nosotros mismos.

La T.V., por su parte, nos estimula a "ponernos de novios" desde muy jóvenes, pero, pensemos, ¿ no será mejor cultivar amigos ahora, siendo adolescentes, y después, ya más grandes, invertir tiempo para encontrar pareja? Si invertimos los órdenes, podemos complicarnos la vida, pues tal vez seamos demasiados chicos para proyectar casarnos y nos perdemos un tiempo hermoso para disfrutar de amigos.

♦ Y ustedes, ¿qué piensan, están de acuerdo conmigo o no? ¿Por qué?

Quiero insistir con esto. Aprovechemos este tiempo de adolescencia, aprovechemos bien el tiempo, éste tiempo de solteros, para cultivar amigos, para viajar, compartir, pasear, para disfrutar de la vida, de la adolescencia, de la juventud. Eclesiastés 11:9 nos anima a esto cuando nos dice: "Diviértete joven, ahora que estás lleno de vida".

Distrutar de la adolescencia, hacer tantos amigos como podamos, porque con el tiempo, algunos se irán lejos, otros nos dejarán, dejaremos nosotros a algunos. Y si tenemos pocos... nos quedaremos con menos.

Recordemos entonces esta regla:"Seamos generosos, abrámosnos para tener amigos, pero también ciudémoslos mucho. Sujetemos a un verdadero amigo con ambas manos".

Quiero compartir ahora, tres cosas que he aprendido sobre este arte de cultivar amigos:

1- Dejar la puerta abierta: Los amigos van y vienen por nuestra vida. A veces se alejan, otras se acercan. No los tenemos atados a nosotros, ni nosotros estamos atados a ellos. Aprender a dejar la puerta abierta para cuando quieran regresar. A Jesús le pasó algo de esto, en la cruz lo dejaron muy solo, no obstante él fue a buscarlos de nuevo. Preparó un pescado y los invitó a comer.

Aprendamos a perdonar y esperar, dar nuevas oportunidades cuando nos fallen y ser capaces de empezar de nuevo. Pedro negó con insistencia a Jesús, pero su maestro le perdonó, lo restauró y le encargó cuidar sus ovejas. Olvidémosnos entonces de palabras como "fuiste", "nunca más"; más bien, mantengámonos espectantes. La vida nos da sorpresas. La vida da muchas vueltas y nos podemos volver a encontrar y volver a empezar.

2- No nos cerremos, no discriminemos. Mis amigos más viejos nunca se hicieron evangélicos. Pero ahí están: firmes en el vínculo. No los persigamos si no piensan como nosotros, respetemos a los que no creen en lo que yo creo. Aprendamos a ser más tolerantes, a escuchar sus razones y a dar con respeto las nuestras. Amemos a nuestros amigos y oremos por ellos; contémosles de nuestra fe y escuchemos la de ellos. Que nuestras creencias no nos alejen de los amigos. Celebremos las diferencias, seamos tolerantes. Tal vez, no estamos tan lejos como pensamos.

3- Aprendamos a ser amigos para hacer amigos
Algunas pautas que podríamos tener en cuenta serían:

- Aprender a ser fieles, reservados, cuando somos "orejas" para otros.
Cuando un amigo nos confía algún secreto, cargas, pecados, lo que sea, esperará de nosotros, sobretodo, que lo sepamos escuchar y guardemos su confesión.
- También ser honestos cuando pensamos distinto y decirlo. Respetar las ideas ajenas y manifestar con respeto las nuestras es una gran virtud.
- Estar presentes cuando hace falta que estemos. Hay situaciones en la vida en que esperamos la presencia de los amigos, saber cuales son estas oportunidades y estar, simplemente, aun cuando no hagan falta palabras. Pienso en situaciones de enfermedad, muerte o también en nacimientos o cumpleaños. Presentes en las alegrias y en las tristesas que la vida nos depare.
- Aprender a "jugarnos" cuando sea necesario. Dice un dicho "que los pingos se ven en la pista" y es cierto. Aprender a darnos desinteresadamente, a abrirnos para compartir lo que tenemos o somos.

La amistad requiere tiempo, esfuerzo para entablarla y trabajo para mantenerla. Tener amigos es cosa seria.

Nuestros amigos nos harán ser lo que somos. Los buenos amigos nos elevan, los malos, nos disminuyen. Tendremos que aprender a escoger lo mejor, a alejarnos de las amistades nocivas y a ciudar de las buenas.

- ♦ Pero, me queda la duda y la dejo para el debate: ¿Habrá amigos malos, serán amigos aquellos con cuya relación nos perjudicamos?

2 - Algunos amigos de Jesús: Marta, María y Lázaro

El pasaje de Lucas 10-38 nos cuenta de estos amigos tan particulares que tenía Jesús. Leamos el pasaje y veamos qué podemos aprender del mismo.

Marta, María y Lázaro se contaban entre los pocos amigos que tenía Jesús. Eran una familia de tres atractivos solteros. Juan 11:54 nos dice que Jesús no andaba abiertamente entre los judíos, pero sí va a la casa de sus amigos, a un lugar seguro, confiable. Allí puede llegar para descansar, recibir cariño y recobrar fuerzas. ¡Qué lindo ministerio el de esta familia! ¡¡Ser simplemente amigos de Jesús!!

¿Tenemos amigos con quienes podamos hacer lo mismo?

- Llegar a su lado para *descansar*. Poder quitarnos los zapatos apretados y quedarnos distendidos, flojos, "bajando la guardia", las apariencias y dejando aflorar nuestro yo.
- Para *recibir cariño*: muestras de afecto, comida, ropa, lo necesario para nuestros cuerpos y nuestras almas. Donde ser escuchados, atendidos, mimados.
- Para *recobrar fuerzas*: Amigos que nos permitan descansar en su presencia, hablar o callar según tengamos ganas. Estar en su presencia sin exigencias, sin formalidades, recobrando fuerzas para seguir viaje.
- Para ser *simplemente amigos*: Lo que no es tan simple. Ser amigos requiere ser respetuosos del otro, de lo que hace y dice; ser leales, estar ahí en las glorias y en las derrotas; ser confiables de sus secretos, capaces de recibir y de darnos mutuamente. Ser amigos sin esperar del otro que nos dé cosas o que nos sea útil.

3- Juguemos un rato

> *"Mas valen dos que uno, porque si uno cae el otro levantará a su compañero". (Eclesiastés 4:9)*

A - *El juego es así*. Se llama "el muñeco que se cae". Hacemos círculos de 4 o 5 personas, uno va al medio y como si fuera un muñeco, con los pies juntos y piernas firmes se deja caer hacia un costado y hacia el otro, siendo sostenido por sus compañeros por los hombros, que le evitaran caer de espaldas o de boca, al piso. Voluntariamente irán pasando al medio, para disfrutar de ser sostenidos cada uno de los integrantes del círculo. **Luego se preguntarán**: ¿Qué sintieron en este juego? ¿Jugaron todos? ¿Se dejaron caer libremente o con miedo? ¿Descansaron en los otros o desconfiaron? Reflexionen a partir de las preguntas formuladas.

B - *La segunda actividad consiste en un trabajo*. El mismo reflejará lo que hemos estado pensando hasta aquí. Se repartirán pedacitos de cartulina en forma de tarjetas, en las que trabajaremos escribiendo algo sobre la amistad que nos haya gustado o impactado. Fabricaremos una tarjeta para un amigo cercano o lejano, existente o imaginario; o una carta. ¿Qué le dirían a alguien que quieren mucho? Juguemos a ser poetas, a buscar las palabras que expresen de la mejor manera posible lo que sentimos. Después lo regalaremos, lo enviaremos o guardaremos para alguna buena ocasión.

4- A leer un poco

Esta actividad está pensada de la siguiente manera. *Nos dividimos* en pequeños grupos de 4 a 6 personas para leer en común y comentar lo leído. Luego de cada lectura se podrá opinar sobre lo que entendió cada cual sobre la amistad y también al estar en pequeños grupos se pueden contar historias personales sobre los amigos que cada uno posee.

Según las edades del grupo, se pueden leer una, dos o tres de las lecturas seleccionadas que se detallan en la sección "Lecturas" que está más adelante y que son:

1 - Damón y Pitias
2 - Contacto humano de Spencer Michael Free.
3 - Nuevos amigos y viejos amigos.

Estas lecturas fueron tomadas de "El libro de Las Virtudes" de W. Bennett, páginas 255, 265 y 245 respectivamente.

Al reunirnos nuevamente el grupo general se puede disponer un momento para que cada grupo pueda compartir lo más significativo de las opiniones vertidas en los pequeños grupos.

5- Los amigos como remedio

En su libro "Tendrán nuevas fuerzas" en el capítulo 3, Uli Schlappa nos dice que los amigos son un importante remedio para el stress. Quisiera compartir con ustedes algunas de sus ideas.

El stress es un estado de continua tensión y nos enferma. La Biblia en Hechos 18:1-16 cuenta de Pablo, el apóstol, en una situación de stress.

Fue capaz de relacionarse con Aquila y Prisca, hermanos en la fe, conocidos de la iglesia y se quedó con este matrimonio a vivir y a trabajar juntos. Pablo se apoyó en ellos y trabajó con ellos.

Cultivó una relación de amistad y logró así "un intercambio existencial profundo con ellos". Al comunicarnos, dice el autor citado, liberamos mucha ansiedad.

"Los cambios nos estresan, las pérdidas también al dejarnos desamparados y desequilibrados". Por su parte, el cultivo de amistades nos sana, el compartir una tarea nos hace amigos, un trabajo en común nos une al otro. Pablo encontró en este matrimonio "una red de seguridad en los momentos de stress".

¿Qué aprendemos de Pablo?
• Que tomó la iniciativa y buscó apoyo.
• Que estaba solo y buscó un matrimonio como refugio.
• Que mantuvo esta relación en el tiempo, más allá de estas circunstancias que fueron pasajeras.

Veamos ahora a otro pasaje.

En 2 Timoteo 4:9-18 nuevamente encontramos a Pablo, solo, abandonado, preso, depresivo, pidiendo compañia, ayuda. Está solo, como frustrado, desilusionado. El pasaje lo muestra como un amigo de Timoteo, aunque de distintas generaciones. En la relación de maestro y alumno habían logrado hacerse amigos, entre ellos había repeto y confianza mútua, no obstante las diferencias de edad y experiencia. Esto nos habla y desafía a la posibilidad de tener amigos más grandes o más jóvenes que nosotros, nos habla de que *la edad no es un límite* para desarrollar un vínculo amistoso .

"Necesitamos como los trapecistas una red de seguridad para que al caer, nos reciba y no muramos, un grupo de personas cercanas y confiables".

Necesitamos alguien con quien orar juntos, sentir su compañía, hablar de las cargas, escuchar consejos, pedir ayuda práctica.

Oremos por este tema, pidámosle a Dios que nos regale, que nos provea de una red de apoyo personal, para que nos permita cultivar más de una relación en la que podamos dar y recibir afecto.

6- Facundo Cabral y Alberto Cortéz

Quisiera que terminemos este tiempo "escuchando" nuevamente a dos amigos que le cantan a la amistad. La letra de su canción dice así:

"Cuando un amigo se va queda un espacio vacío,
que no lo puede llenar la llegada de otro amigo.
Cuando un amigo se va queda un tisón encendido,
que no se puede apagar ni con las aguas de un río.
Cuando un amigo se va una estrella se ha perdido
lo que ilumina el lugar donde hay un niño dormido.
Cuando un amigo se va se detienen los caminos, y se
empieza a rebelar el duende manso del día.
Cuando un amigo se va galopando su destino,
empieza el alma a vibrar porque se llena de frio.
Cuando un amigo se va queda un terreno baldío,
que quiere el tiempo llenar con las piedras del hastío.
Cuando un amigo se va se queda un arbol caído,
que ya no vuelve a brotar porque el viento lo ha vencido."

- ¿Qué nos dice esta canción, qué les trasmite, que sienten?

Que el Señor nos ayude a valorar los amigos que tenemos y a ser capaces de cultivar otros nuevos.

Lecturas

I - Damón y Pitias

Esta historia transcurre en la ciudad-estado siciliana de Siracusa, en el siglo cuatro antes de Cristo. El orador romano Cicerón nos cuenta que Damón y Pitias (también llamado Fintias) eran seguidores del filósofo Pitágoras. Aun hoy, su historia es ejemplo de la amistad sin reservas, que brinda todos los motivos para la confianza y no deja margen para la duda.

Damón y Pitias habían sido excelentes amigos desde la infancia. Cada cual confiaba en el otro como en un hermano, y cada cual sabía en su corazón que sería capaz de todo por su amigo. Con el tiempo llegó el momento de demostrar la hondura de su devoción. Sucedió de esta manera.

Dionisio, el monarca de Siracusa, se fastidió cuando oyó los discursos que pronunciaba Pitias. El joven estudioso decía al público que ningún hombre debía ejercer poder ilimitado sobre otro, y que los tiranos eran reyes injustos. En un arrebato de ira, Dionisio convocó a Pitias y su amigo.

—¿Quiénes creéis que sois, para sembrar el descontento entre la gente? — preguntó.

— Yo sólo digo la verdad —respondió Pitias— No puede haber nada de malo en ello.

—¿Y tu verdad sostiene que los reyes tienen demasiado poder y que sus leyes no son buenas para sus súbditos?

—Si un rey ha tomado el poder sin autorización del pueblo, eso es lo que yo diría.

—Estas palabras son traición —gritó Dionisio—. Estás conspirando para derrocarme. Retráctate de tus palabras, o enfrenta las consecuencias.

No me retractaré —respondió Pitias.

—Entonces morirás. ¿Tienes un último pedido?

—Sí. Déjame ir a casa para despedirme de mi esposa y mis hijos, y para poner mis cosas en orden.

Veo que no sólo crees que soy injusto, sino que además soy estúpido —rió desdeñosamente Dionisio—. Si te dejo salir de Siracusa, no volveré a verte.

Te haré un juramento.

—¿Qué clase de juramento podrías hacer que me indujera a creer que regresarás? —preguntó Dionisio.

En ese momento Damón, que había permanecido en silencio, se adelantó.

Yo seré su garantía —dijo—. Reténme en Siracusa, como prisionero, hasta el regreso de Pitias. Nuestra amistad es bien conocida. Puedes tener la certeza de que Pitias regresará mientras me tengas aquí.

Dionisio estudió en silencio a ambos amigos.

—Muy bien —dijo al fin—. Pero si deseas tomar el lugar de tu amigo, debes estar dispuesto a aceptar su sentencia si él rompe su promesa. Si Pitias no regresa a Siracusa, morirás en su lugar.

—El mantendrá su palabra —respondió Damón—. No tengo la menor duda de ello.

Pitias obtuvo autorización para irse por un tiempo, y Damón fue a dar a la cárcel. Al cabo de varios días, como Pitias no aparecía, Dionisio no pudo con su curiosidad y fue a la prisión para ver si Damón se arrepentía del trato que había hecho.

—Tu tiempo se está acabando —se mofó el monarca de Siracusa—. Será inútil pedir piedad. Fuiste un necio al confiar en la promesa de tu amigo. ¿De veras creíste que sacrificaría su vida por ti o por cualquier otro?

—Sólo ha sufrido una demora —respondió Damón sin inmutarse— . Los vientos le han impedido navegar, o tal vez ha sufrido un accidente en la carretera. Pero si es humanamente posible, él regresará a tiempo. Creo en su virtud tanto como en mi existencia.

Dionisio se asombró de la confianza del prisionero.

—Veremos —dijo, y dejó a Damón en su celda.

Llegó el día fatal. Damón fue sacado de la prisión y conducido ante el verduro. Dionisio lo saludó con una sonrisa socarrona.

—Parece que tu amigo no ha llegado —rió—. ¿Qué piensas ahora de él?

—Es mi amigo —respondió Damón—. Confío en él.

Y mientras hablaba, las puertas se abrieron y Pitias entró tambaleándose. Estaba pálido y magullado, y apenas hablar de cansancio. Se arrojó en brazos de su amigo.

—Estás a salvo, loados sean los dioses —jadeó—. Parece que los hados conspiraban contra nosotros. Mi barco naufragó en una tormenta, y luego me atacaron salteadores. Pero rehusé abandonar mis esperanzas, y logré llegar a tiempo. Estoy dispuesto a cumplir mi sentencia de muerte.

Dionisio quedó atónito al oir estas palabras, y sus ojos y su corazón se abrieron. Era imposible resistir el poder de semejante constancia.

—La sentencia queda revocada —declaró—. Nunca creí que tanta fe y lealtad pudieran existir en la amistad. Me has demostrado cuán equivocado estaba, y es justo que seas recompensado con tu libertad. Pero a cambio os pediré un gran servicio.

—¿A qué te refieres? —preguntaron los amigos.

—Enseñadme a formar parte de una amistad tan noble.

(Historia ue transcurre en Siracusa, en el siglo IV ac, relatada por Cicerón. Libro de las virtudes, página 245)

2 - El contacto humano

Este sencillo poema nos recuerda que la verdadera amistad se relaciona con la cercanía de las manos, los corazones y las almas. También, de paso, captura la profundidad del "contacto" entre Helen Keller y Anne Mansfield Sullivan.

Lo que cuenta en este mundo es el contacto humano,
el contacto de tu mano con la mía,
más valioso para el corazón desfalleciente
que el refugio, el pan y el vino.
Pues el refugio se va con la alborada,
y el pan dura sólo un día.
pero el contacto de la mano y el sonido de la voz
siguen cantando en el alma para siempre.

("Libro de las virtudes", Spencer Michael Free, página 255)

3 - Nuevos amigos y viejos amigos

Lo que es auténtico perdura; esto es tan cierto de la amistad

como de otras formas del amor.
Haz nuevos amigos, mas conserva los viejos.
Aquéllos son plata, éstos son oro.
Las amistades recientes, como el vino nuevo
maduran y se asientan con el tiempo.
Las amistades que han resistido la prueba
—tiempo y cambio— son sin duda mejores;
las frentes se arrugan, el pelo se agrisa,
la amistad nunca se marchita.
Pues entre viejos amigos, probados y ciertos
renovamos nuestra juventud.
Pero los viejos amigos, ay, pueden morir,
y amigos nuevos deben reemplazarlos.
Atesora la amistad en tu pecho.
Lo nuevo es bueno, pero lo viejo es mejor.
Haz nuevos amigos, mas conserva los viejos.
Aquéllos son plata, éstos son oro.

(Autor anónimo, "Libro de las virtudes", página 265)

Queremos comunicarnos con usted:

Si usted ha utilizado este material, nos gustaría saberlo. En qué grupo fue usado (lugar, edad, etc) qué resultados obtuvieron y qué sugerencias, aportes podría hacer para mejorarlo. Para comunicarse con el autor:
Carlos Peirone
H. Irigoyen 623
2550 Bell Ville, Cba.
TE [3534] 422184

carlospeirone2002@yahoo.com.ar

Cómo utilizar este cuaderno

Estos cuadernos son *guías de estudio*, es decir, su propósito es guiarle a usted para que haga su propio estudio del tema o libro de la Biblia que desarrolla este material.

El cuaderno propone un diálogo. En él introducimos el tema, sugerimos cómo proceder con la investigación, comentamos, pero también preguntamos. Los espacios después de las preguntas son para que usted anote su respuesta a ellas.

Esperamos que, por medio del diálogo, le ayudemos a forjar su propia comprensión del tema. No de segunda mano, como cuando se escucha un sermón, sino como fruto de su propia lectura y investigación.

¿Cómo hacer el estudio?

1 - Antes de comenzar, ore. Pida ayuda a Dios que le hable y le dé comprensión durante su estudio.

2 - Se deben leer los pasajes bíblicos más de una vez y preguntarse: ¿Qué dice el autor? Aunque muchos utilizan la versión Reina-Valera de la Biblia, conviene tener otra versión o versiones disponibles para comparar los pasajes

entre las dos. La "Versión popular" y la "Nueva versión internacional" le pueden ayudar a ver el pasaje con más claridad.

3 - Siga con la lectura de la lección. Responda lo mejor que pueda a las preguntas.

4 - Evite la tendencia de "apurarse para terminar". Es mejor avanzar lentamente, pensando, preguntando, aclarando.

En grupo

El estudio personal es de mucho valor pero se multiplican los beneficios si lo acompaña con el estudio en grupo. Un grupo de hasta 8 personas es lo ideal. Pero, puede ser que por diferentes motivos el grupo esté formado por usted y una persona más, aun así, es mejor que estudiar solo.

En realidad, estos cuadernos han sido diseñados con ese motivo: estimular el estudio en células, en grupos pequeños.

La manera de hacerlo es fácil:

1 - **Usted hace en forma personal una de las lecciones del cuaderno**. Aun cuando pueda haber cosas que no entienda bien, haga el mayor esfuerzo posible para completar la lección.

2 - **Luego se reune con su grupo**. En el grupo comparten entre todos las respuestas de cada pregunta. Puede ser que no tengan las mismas respuestas, pero comparando entre todos las van aclarando y corrigiendo.

Es durante este compartir semanal de una hora y media, este diálogo entre todos, donde se encuentra la verdadera riqueza y que nos provée esta forma de estudio.

3 - **Evite salirse del tema**. El tiempo es oro, y lo más importante es enfocar todo el esfuerzo del grupo en el tema de la lección. Luego, pueden dedicar tiempo para conocerse más y tener un rato social.

4 - **Participe**. Todos deben participar. La riqueza del trabajo en grupo es justamente eso.

5 - **Escuche**. Hay una tendencia de apurar nuestras propias opiniones sin permitir que el otro termine. Vamos a apren-

der de cada uno, aun de los que, según nuestra opinión, están equivocados.

6 - **No domine la discusión**. Puede ser que usted tenga todas las respuestas correctas, sin embargo es importante dar lugar a todos, y estimular a los tímidos a participar. No se trata de sobresalir, sino de compartir aprendiendo juntos.

Si en el grupo no hay una persona con experienca en coordinarlo, se puede encontrar ayuda para dirigir un grupo en:

1 - Nuestra página web, www.edicionescc.com. La sección "Capacitación" ofrece una explicación breve del método de estudio.

2 - En las últimas páginas de nuestro catálogo se ofrece también una orientación.

3 - El cuaderno titulado "Células y otros grupos pequeños" es un curso de capacitación para los que desean aprender cómo coordinar un grupo.

4 - Hay algunas guías que disponen de un cuaderno de sugerencias para el coordinador del grupo.

Finalmente diremos que las guias no contienen respuestas a las preguntas ya que el cuaderno es exactamente eso, una guia, una ayuda para estimular su propio pensamiento, no un comentario ni un sermón. Le marcamos el camino, pero usted lo tiene que seguir.

Que el Señor lo acompañe en esta tarea y si necesita ayuda, comuníquese con nosotros. Estamos para servirle.

Se terminó de imprimir en
Talleres Gráficos de
Ediciones CC
Córdoba 419 - Villa Nueva, Pcia de Córdoba
Octubre de 2005
IMPRESO EN ARGENTINA

www.ingramcontent.com/pod-product-compliance
Lightning Source LLC
Chambersburg PA
CBHW060716030426
42337CB00017B/2895